CHAMBRE DE COMMERCE DE LILLE.

PROJET DE LOI

SUR

LES SOCIÉTÉS PAR ACTIONS

RAPPORT

PRÉSENTÉ AU NOM DE LA COMMISSION DE LÉGISLATION

Par M. Henri LABBE-ROUSELLE.

Lille, 11 novembre 1885.

Messieurs,

Le projet de loi relatif aux sociétés sur lequel M. le Ministre du Commerce a demandé votre avis, par sa circulaire du 23 juillet dernier, a pour objet la réforme de la loi de 1867 sur les sociétés par actions et plus spécialement sur les sociétés anonymes.

Ce projet, présenté par le gouvernement, étudié et modifié ensuite par plusieurs commissions prises parmi les sommités des professions judiciaires et commerciales, a été adopté au Sénat, le 19 novembre 1884, à la suite de laborieuses discussions et après avoir subi différents amendements.

Les intentions des promoteurs de la nouvelle loi, longuement expliquées dans un préambule, peuvent se résumer en ces termes que nous copions, du reste, dans le texte même : « ... rendre plus sûr, sans le rendre trop difficile, le fonctionnement de cette admirable machine qui s'appelle la société, sans briser ce magnifique instrument qui s'appelle l'action ; ne point sacrifier la liberté des conventions à l'intérêt de ceux que leur crédulité et leur confiance peuvent entraîner dans des placements dangereux, et ne point non plus sacrifier cet intérêt qui est celui du plus grand nombre, à la liberté des conventions... »

La loi du 24 mai 1867 comprenait 67 articles divisés en 5 titres :

TITRE Iᵉʳ (ART. 1 A 20)

Des sociétés en commandite par actions ;

TITRE II (ART. 21 A 47)

Des sociétés anonymes ;

TITRE III (ART. 48 A 54)

Des sociétés à capital variable ;

TITRE IV (ART. 55 A 65)

Dispositions relatives à la publication des actes de sociétés ;

TITRE V (ART. 66 ET 67)

Tontines et sociétés d'assurances.

La nouvelle loi est divisée en 9 titres comprenant 111 articles auxquels le Sénat en a ajouté un 112ᵉ qui rend cette loi applicable à l'Algérie et aux colonies ; elle est intitulée en attendant le vote de la Chambre des Députés :

PROJET DE LOI SUR LES SOCIÉTÉS PAR ACTIONS

TITRE Ier (ART. 1 A 45)

Des sociétés anonymes ;

TITRE II (ART. 46 A 54)
Des sociétés en commandite par actions ;

TITRE III (ART. 55 A 62)
Dispositions particulières aux sociétés à capital variable ;

TITRE IV (ART. 63 A 74)
Dispositions relatives à la publicité ;

TITRE V (ART. 75 A 87)
Dispositions relatives aux obligations ;

TITRE VI (ART. 88 ET 89)
Des tontines et des sociétés d'assurances ;

TITRE VII (ART. 90 A 96)
Des sociétés étrangères ;

TITRE VIII (ART. 97 A 107)
Dispositions pénales ;

TITRE IX (ART. 108 A 112)
Dispositions diverses.

La nouvelle législation adoptée par le Sénat doit-elle réaliser toutes les espérances que nous avons indiquées en commençant, est-elle au-dessus de toute critique, faut-il l'approuver sans réserves ?

Certes, la loi en question nous a paru constituer un progrès considérable sur celle de 1867.

En prescrivant des mesures plus efficaces et plus équitables,

Pour assurer la valeur des apports, la valeur des avantages particuliers, la responsabilité des fondateurs et des administrateurs,

Pour étendre les moyens de contrôle,

Pour empêcher les spéculations de la société sur ses propres actions,

Pour empêcher la retenue des dividendes et intérêts payés sur les valeurs après leur sortie par voie de tirage au sort,

Pour prévenir l'exploitation des faiseurs d'affaires, les dissimulations et les fraudes,

Pour fixer l'objet de la Société,

Pour assimiler le traitement des sociétés étrangères à celui des sociétés françaises ;

En permettant à la totalité des actionnaires et des obligataires de voter dans les assemblées générales qui doivent prononcer sur les questions fondamentales de la société ;

En précisant les devoirs et les droits des différents intéressés,

Et enfin, on peut ajouter, en moralisant le système de l'association.

Cependant, et malgré tout le respect dû à une œuvre si longuement combinée, si véritablement prévoyante, nous pensons que ces dispositions laissent place aux quelques observations que nous allons vous soumettre : celles-ci porteront principalement sur les questions qui paraissent devoir plus particulièrement attirer votre attention au point de vue des intérêts représentés par la Chambre de commerce de Lille ; elles suivront l'ordre des articles formulés dans le projet.

Avant d'examiner la nouvelle organisation des Sociétés dont le capital est divisé en actions, on a demandé ce qu'il fallait entendre par le mot « Action » ? Une savante, mais un peu stérile discussion à notre avis, a été engagée à ce sujet : Qu'est-ce en réalité qu'une action, en quoi l'action diffère-t-elle de la part d'intérêt ? Cette question a été posée à la Commission, qui s'est refusée à y répondre par une définition précise, apparemment dans la crainte que l'on pût arriver au moyen de combinaisons plus ou moins habiles à créer des Sociétés en dehors des termes de la définition et à les soustraire ainsi à l'application de la loi : la valeur du mot suspecté ne paraissant pas, du reste, avoir fait difficulté dans le monde des affaires, et ailleurs que dans des controverses purement théoriques.

Sans nous y arrêter davantage nous passerons à des objections plus sérieuses.

A notre avis le point faible de la nouvelle loi se trouve dans le mode de formation du capital des Sociétés anonymes prescrit par les dispositions ci-après :

> Article 3, 2me § : « Elles (les Sociétés anonymes) ne peuvent être définitivement constituées qu'après la souscription de la totalité du capital et le versement en espèces par chaque actionnaire du quart au moins du montant des actions par lui souscrites.

> Article 5, 1er § : Les actions ne sont ni négociables, ni cessibles avant la constitution définitive de la Société.

> 2me §. Elles sont nominatives jusqu'à leur entière libération.

> Article 6, 1er § : Les titulaires, les cessionnaires intermédiaires et les sousc ipteurs sont

responsables chacun pour le tout du montant
de l'action.

5e §. Tout souscripteur ou actionnaire qui a
cédé son titre cesse d'être responsable des versements non effectués, deux ans après la cession
ou la négociation.

Le souscripteur serait donc garant du versement total de
l'action, mais s'il la cédait, il se déchargerait de la responsabilité sur son acheteur à la condition, toutefois, de rester
obligé lui-même pendant deux ans ; et le nouveau titulaire
se trouverait dans la même situation vis à vis d'un nouvel
acheteur ; ce qui fait que si l'action ne changeait pas de
mains, la garantie du versement résiderait uniquement
dans les ressources du souscripteur primitif, que si elle
changeait de mains plusieurs fois en deux ans, la garantie
deviendrait plus ou moins étendue suivant que l'action
aurait plus ou moins circulé.

Dans le premier cas, et ce devra être surtout celui des
associations les moins prospères, nous trouvons la garantie
insuffisante parce que la loi n'impose au souscripteur
d'autres conditions de solvabilité que le versement du quart
de chaque action et qu'au moment du besoin, les intéressés
auront chance d'avoir comme répandants un certain nombre
d'actionnaires récalcitrants, introuvables ou sans ressources. — Le fait ne serait pas nouveau, à ce que nous
pensons.

Dans le second cas, sur lequel on se plait à compter, la
garantie nous semble encore bien incertaine parce qu'elle
pourra se trouver à l'expiration des périodes de deux ans
dans une situation analogue à celle qui vient d'être exposée.
D'un autre côté, une pareille obligation de garantie à terme
deviendrait assez compromettante pour les intermédiaires ;

en somme , pour tous , elle serait confuse , compliquée et peu pratique.

Au premier abord , il avait paru tout naturel de faire réaliser complètement le capital lors de la constitution de la société, mais on a objecté, avec raison, que cette exigence ferait naître des difficultés extrêmement embarrassantes lorsqu'il s'agirait, par exemple, de pourvoir à des constructions de routes, de canaux, dont les dépenses ne se font que dans la mesure de l'avancement des travaux, comme lorsqu'il s'agirait de l'organisation de compagnies d'assurances dont le capital versé ne représente qu'un des éléments de la garantie qu'elles sont appelées à fournir.

Tolles sont, en ce qui concerne les sûretés à demander au capital, les inconvénients des nouvelles propositions. Ceux du régime précédent, auxquels on a voulu parer en ce point, étaient de permettre la mise au porteur des actions lorsqu'elles se trouvaient libérées de moitié, laissant ainsi l'autre moitié du capital à la merci de titulaires pour la plupart inconnus.

Afin d'obvier aux inconvénients de l'un et de l'autre système, plusieurs moyens ont été proposés dans le sein de notre commission :

L'un de ses membres s'est déclaré partisan de la liberté absolue en ce qui concerne la formation des sociétés anonymes , sauf à revenir au régime de l'autorisation gouvernementale supprimée par la loi de 1867.

Ces observations avaient été prévues par les auteurs du projet qui, d'avance, y répondaient (voir leur préambule, documents parlementaires 1884, page 339) en des termes revenant à peu près à ceci : que si le gouvernement se montrait difficile dans l'octroi des autorisations, il serait exposé à une accusation d'arbitraire, que s'il penchait vers une facilité contraire, on aurait à se demander qu'elle serait alors l'efficacité de son intervention....

Quant à la proposition d'autoriser toutes les conventions, toutes les stipulations qui ne seraient pas contraires à l'ordre public et aux bonnes mœurs , elles ne pourraient être admises qu'à la condition de supprimer le titre IX du livre III du code civil et le titre III du livre 1er du code de commerce, car ces deux codes, pas plus que la loi de 1867, n'ont admis un régime d'absolue liberté.

Un autre membre de la commission a proposé d'ordonner que dans tous les cas et avant la constitution de la société, des commissaires fussent nommés à l'effet de présenter un rapport à l'assemblée générale sur la composition de la liste des souscripteurs : ce qui permettrait d'apprécier le degré de confiance que mériterait l'association à ses débuts.

Un troisième membre de notre commission demandait s'il ne serait pas possible d'imposer au souscripteur, et en cas de cession au nouveau titulaire, l'obligation d'un cautionnement sous forme d'une sorte d'aval? — Sans méconnaître les entraves que cette obligation apporterait au mouvement de l'action, il faisait remarquer que si l'on veut autre chose que des suretés d'apparence, il faut, selon lui, ou l'entier versement du capital ou d'autres combinaisons donnant, plus que celles du projet, de la fixité à la garantie du titulaire, qui reste en difinitive débiteur des trois quarts de chacune de ses actions.

Ce serait aux sociétés de choisir celui des deux modes qui conviendrait le mieux aux nécessités de leur fonctionnement respectif.

Vous verrez si pour résoudre ce difficile problème, il y a lieu de donner votre approbation à l'un des systèmes que nous vous avons soumis ou à tout autre plus sûr et plus facilement praticable.

L'ARTICLE 4

Renferme les premières prescriptions qui touchent à la publicité :

1er §. Tout bulletin de souscription doit contenir

. . . .

N° 6. La date de la publication du projet d'acte de société au bulletin prévu par l'article 63.

Ce dernier règle les conditions de la publicité :

« La publication des actes et délibérations des sociétés dont le capital est divisé en actions aura lieu, quand elle est obligatoire, dans un bulletin annexe du journal officiel, un réglement d'administration publique déterminera les formes et les conditions de cette publication et le jour à partir duquel les insertions y seront obligatoires.

Dans les colonies, cette publication aura lieu dans le journal où sont insérés les actes officiels. »

Nous ne voyons qu'un mot à dire à ce sujet, il s'applique à toutes les publications légales à faire en province.

Il paraîtrait que suivant un décret, non explicitement abrogé, du gouvernement de la Défense Nationale, en date du 28 décembre 1870, les annonces légales peuvent être insérées dans les départements autres que celui de la Seine, dans le journal du département qu'il convient aux parties de choisir et dans le département de la Seine dans les journaux désignés par le Préfet.

Que les publications concernant les sociétés par actions soient faites dans un bulletin spécial de l'*Officiel* où tout intéressé sait qu'il pourra les trouver, rien de mieux ; mais pour les actes relatifs aux sociétés formées sur des bases différentes et d'ailleurs pour tous autres actes sujets à la publication, nous pensons qu'il serait grand temps aussi de prendre d'autres mesures que celles décrétées par le gouvernement de la Défense Nationale ; car dans les départements comme le nôtre où il existe un grand nombre de journaux, dont quelques-uns n'ont parfois qu'une existence éphémère, on peut dire que les annonces légales manquent généralement leur but.

En effet, il est difficile d'admettre que le public doive voir les annonces officielles noyées dans toutes ces feuilles pour être tenu au courant de ce qui concerne ses intérêts.

Ne pensez-vous pas qu'il faudrait sans plus tarder changer un si fâcheux état de choses et profiter de l'occasion des débats qui vont s'ouvrir sur la publicité, pour demander qu'il ne soit fait usage, à cet effet, que d'un seul journal dans chaque arrondissement, lequel journal serait admis par voie d'adjudication ou par une commission présentant toute garantie d'impartialité, comme celle notamment qui serait composée des présidents des tribunaux, des chambres de commerce, des chambres consultatives et des conseils de prud'hommes.

Article 14.

On a fait remarquer qu'il semblait résulter du deuxième paragraphe de cet article que les sociétaires non administrateurs étaient privés de la faculté de devenir mandataires de l'administration.

Pour éviter toute incertitude nous proposons de rédiger ainsi ce paragraphe :

Ces mandataires peuvent choisir parmi eux un directeur ou si les statuts le permettent se substituer un mandataire etranger *à l'administration* ou à la société dont ils sont responsables envers elle.

L'ARTICLE 18

Détermine la composition des assemblées générales :

> « ... Tout actionnaire , quel que soit le nombre des actions dont il est porteur, peut prendre part aux délibérations dans les assemblées générales appelées à vérifier les apports, à nommer la première administration, à vérifier la sincérité de la déclaration des fondateurs prescrite par l'article 3. »

Nous demanderons s'il n'y aurait pas lieu d'ajouter aux matières sur lesquelles tous les actionnaires et même les obligataires sont appelés à prononcer celle qui consiste dans la modification des statuts.

Les statuts nous semblent former entre tous les membres de la Société un contrat dont la modification peut avoir des conséquences graves pour leurs intérêts et à laquelle tous doivent être appelés à participer.

ARTICLE 31.

Nous ne saurions trop vous recommander l'approbation de la pensée qui a inspiré cette nouvelle disposition :

> « Dans le cas où les Sociétés ont continué à

payer les intérêts ou dividendes des actions, obligations ou tous autres titres remboursables par voie de tirage au sort, elles ne peuvent répéter ces sommes lorsque le titre est présenté au remboursement. »

« Ces dispositions sont rendues applicables aux Sociétés constituées avant la promulgation de la présente loi » par l'article 109.

Pour les compléter nous pensons qu'il serait nécessaire de prescrire l'insertion dans un supplément de l'*Officiel* des numéros sortis et non réclamés.

L'ARTICLE 38

Dispose que tout actionnaire quel que soit le nombre des actions dont il est porteur ou qu'il représente ne peut avoir plus de dix voix dans les assemblées chargées de prononcer sur les questions de dissolution de la Société.

On a voulu se mettre en garde contre l'influence d'un gros actionnaire sur les décisions de l'assemblée sans se préoccuper assez, ce nous semble, de la possibilité qu'aurait ce gros actionnaire de diviser momentanément ses titres en un certain nombre de porteurs dévoués à ses intérêts.

L'ARTICLE 75

Avait été l'objet d'un amendement conçu comme suit, amendement qui a été repoussé par le Sénat :

« Les Sociétés ne peuvent émettre d'obligations remboursables par voie de tirage au sort tant que le capital action n'a pas été versé. »

L'auteur avait pourtant fait observer que le capital

action, qui forme la première garantie de l'obligataire, faisait illusion lorsqu'il était resté en grande partie dans les mains des actionnaires ; qu'au moment où la garantie devrait fonctionner, il était probable qu'un très grand nombre de ces derniers ne se retrouveraient pas, que des difficultés s'élèveraient entre les cessionnaires et leurs cédants....

Nous sommes de son avis, et nous ajouterons qu'il est d'ailleurs de bonne administration d'user de ses ressources avant de contracter des dettes.

A cela, il a été répondu que certains établissements comme le Crédit foncier, par exemple, avaient pour industrie d'emprunter sur obligations pour prêter eux-mêmes sous une autre forme ; que les forcer à exiger la remise complète du montant de l'action, ce serait leur ôter le moyen de parer à l'insolvabilité possible de leurs débiteurs et en définitive rendre leurs opérations impraticables.

Si cela est vrai, que l'on prenne pour ces sortes de Sociétés des dispositions exceptionnelles, mais qu'on ne mette pas d'une manière générale les obligataires à la discrétion des actionnaires dont la responsabilité réelle fera peut-être défaut au moment critique, ainsi que l'a expliqué l'auteur de l'amendement.

A moins qu'on ne contraigne l'actionnaire à fournir les sûretés mentionnées plus haut, nous ne voyons pas qu'il soit prudent d'écarter les restrictions contenues dans l'amendement précité.

L'ARTICLE 91

A rapport aux Sociétés étrangères.

Nous croyons devoir vous rappeler, à ce sujet, l'opinion émise par le rapporteur de la commission sur un point spécial du dit article.

« S'il existe des traités — je dis " si " parce que je crois
qu'il n'en existe pas — Mais enfin s'il existe des traités qui
aient expressément accordé à des Sociétés étrangères, la
faculté de s'établir en France, d'y vivre, d'y exercer leurs
droits sans se soumettre à la loi Française, oui, il faudra
que ces traités soient respectés.

. . . .

. . . Mais si, au contraire, il existe des traités analogues
au décret rendu en exécution de la loi de 1857, s'il existe
des traités analogues à celui qui a été conclu en 1862 avec
l'Angleterre ; c'est-à-dire qui accorde aux Sociétés étrangères le droit à l'existence commerciale à la condition de se
conformer à la loi Française, mon opinion est — il est bien
entendu que c'est une opinion personnelle — qu'elles
seront atteintes par la loi nouvelle. »

Article 97.

Un amendement encore avait demandé de porter de un
mois à cinq ans, au lieu de un mois à deux ans, la pénalité
applicable à toute fausse déclaration relative à la souscription du capital social primitif ou de ses augmentations et à
la réalité des versements, lorsque la fausse déclaration a eu
pour conséquence la constitution définitive de la Société.

Nous trouvons que l'auteur était dans le vrai, que les
faits prévus par cet article ont autant de gravité que ceux
pour lesquels il est généralement possible d'appliquer la
peine de cinq ans au maximum ; que rien, si ce n'est le
précédent créé par la loi de 1867, ne nécessitait ici une
dérogation à l'unité de la loi suivant les prescriptions du
code pénal (Art. 405).

Article 106.

« Dans tous les cas où la présente loi prononce

la peine de l'emprisonnement, le tribunal peut, en outre, déclarer le condamné incapable d'exercer les fonctions de juge au tribunal de Commerce ou de membre d'une Chambre de Commerce ou d'une Chambre consultative des Arts et Manufactures pendant un délai qui ne peut excéder cinq années. »

Il nous semble que la peine de l'emprisonnement est de nature à rendre pour toujours celui qui l'a encourue incapable de faire partie de ces corps, qui doivent l'exemple de la loyauté dans les affaires.

En résumé,

Conformément aux observations qui précèdent, nous vous proposons d'émettre un avis portant approbation de la loi adoptée par le Sénat, le 17 novembre 1884, sous les réserves suivantes :

1° D'imposer au souscripteur ou au titulaire d'actions des sociétés, dont le capital n'a pas été entièrement libéré, l'obligation de fournir des garanties plus complètes que celles prescrites par la nouvelle loi ;

2° D'ordonner que, dans les départements, les publications légales de toute nature soient insérées dans un seul journal par arrondissement, lequel serait admis ou par voie d'adjudication publique ou par une commission composée des présidents des Tribunaux, des Chambres de commerce et des Chambres consultatives des arts et manufactures et des Conseils de prud'hommes ;

3° De rédiger l'article 14 dans ces termes :

2me §. Ces mandataires peuvent choisir parmi eux un directeur ou, si les statuts le permettent, se substituer un mandataire étranger *à l'administration* ou à la société, dont ils sont responsables envers elle ;

4° A l'article 18, d'ajouter à l'énumération des assemblées auxquelles tout actionnaire peut assister, celles dans lesquelles on proposerait la modification des statuts ;

5° De modifier l'article 75 de telle manière qu'il soit impossible à l'avenir d'émettre des obligations avant la libération complète des actions souscrites, sauf à établir des exceptions pour certaines sociétés , en raison de leurs besoins spéciaux ;

6° De régler le mode des pénalités, en ce qui est relatif à l'article 97, de manière à donner plus d'unité à la loi ;

7° A l'article 106, d'interdire aux condamnés à l'emprisonnement l'accès aux fonctions de membre des tribunaux, des chambres de commerce, des chambres consultatives des arts et manufactures et des conseils de prud'hommes;

8° Enfin, d'ajouter à l'article 109 une disposition rendant obligatoire la publication, dans un supplément du journal officiel, des numéros des valeurs sorties par voie de tirage au sort et non réclamées.

Lille Imp. L. Bansl.

www.ingramcontent.com/pod-product-compliance
Lightning Source LLC
Chambersburg PA
CBHW060722280326
41933CB00013B/2531